글쓴이 이기규

'인권 교육을 위한 교사 모임'과 '인권교육센터 들'에서 활동하면서 어린이들이 스스로를 소중히 여기고 존중하는 교육을 위해 작은 꿈을 키우고 있습니다. 최근, '서울시 어린이 청소년 인권위원'으로 활동하면서 많은 한계 속에서도 어린이 인권에 대한 작은 희망을 발견하고 있습니다. 현재 초등학교에서 교사로 생활하며 어린이들에게 매일매일 많은 것을 배우고 감탄합니다.

쓴 책으로는 어린이 인권을 주제로 한 동화 《보름달 학교와 비오의 마법 깃털》《어느 날 우리 집에 우주고양이가 도착했다》《네 공부는 무슨 맛이니?》《손에 잡히는 교과서 - 어린이를 위한 인권》, 그림책 《좀 다르면 어때?》《괴물 학교 회장 선거》《깜장 병아리》 등이 있습니다.

그린이 심윤정

매번 조금 더 재미있고 유쾌한 그림을 그리려고 고민합니다. 2009년 '한국안데르센상' 은상을 수상했습니다. 그린 책으로는 《알았어, 나중에 할게!》《공부가 재밌어?》《아홉 살 게임왕》《고물상 할아버지와 쓰레기 특공대》《도둑맞은 성적표》《바람둥이 강민우》《일학년을 위한 독서 습관》《1분 동생》《물어보길 참 잘했다!》 등이 있습니다.

쉬운 사회 그림책 ❶

1판 1쇄 발행 | 2014. 9. 3.
1판 2쇄 발행 | 2018. 4. 10.

이기규 글 | 심윤정 그림

발행처 김영사 | **발행인** 고세규
등록번호 제 406-2003-036호 | **등록일자** 1979. 5. 17.
주소 경기도 파주시 문발로 197(우-10881)
전화 마케팅부 031-955-3139 | 편집부 031-955-3113~20 | 팩스 031-955-3111

ⓒ 2014 이기규, 심윤정

값은 표지에 있습니다.
ISBN 978-89-349-6888-7 74300

좋은 독자가 좋은 책을 만듭니다. 김영사는 독자 여러분의 의견에 항상 귀 기울이고 있습니다.
독자의견전화 031-955-3139 | 전자우편 book@gimmyoung.com
홈페이지 www.gimmyoungjr.com | 어린이들의 책놀이터 cafe.naver.com/gimmyoungjr

이 도서의 국립중앙도서관 출판시도서목록(CIP)은 서지정보유통지원시스템 홈페이지(http://seoji.nl.go.kr)와 국가자료공동목록시스템(http://www.nl.go.kr/kolisnet)에서 이용하실 수 있습니다.
(CIP제어번호 : CIP2014024579)

어린이제품 안전특별법에 의한 표시사항
제품명 도서 제조년월일 2018년 4월 10일 제조사명 김영사 주소 10881 경기도 파주시 문발로 197
전화번호 031-955-3100 제조국명 대한민국 ⚠주의 책 모서리에 찍히거나 책장에 베이지 않게 조심하세요.

 문화·지리

쉬운 사회 그림책 ①

할아버지 댁에 놀러 가요

이기규 글
심윤정 그림

주니어김영사

'하늘아, 일어나! 아침이야.'
햇살이 보드랍게 하늘이의 얼굴을 간질였어요.
평소 같으면 아직도 이불 속에 얼굴을 쏙 숨기고 있겠지만 오늘은 달라요.
"하암! 잘 잤다!"
하늘이가 크게 기지개를 켜고 침대에서 벌떡 일어났어요.
오늘은 세상에서 가장 좋아하는 삼촌과 할아버지 댁에 가는 날이거든요.

'푸우, 푸우!' 세수를 하고 '냠냠!' 맛있게 아침밥을 먹고
멋진 배낭까지 메면 여행 준비 끝!
"하늘아, 삼촌 집에 잘 찾아갈 수 있겠니?"
태어난 지 6개월 된 동생을 토닥이며 엄마가 물었어요.
삼촌 집까지는 걸어서 10분밖에 안 걸려요. 하지만 엄마는 걱정이 되나 봐요.
"그럼요, 엄마. 저도 이제 다 컸다고요.
그런데 삼촌 집이 우리 집에서 왼쪽이던가? 오른쪽이던가? 헤헤."
큰소리는 쳤지만 하늘이는 고개를 갸웃거렸어요.
"우리 집에서 왼쪽으로 꺾으면 나오는 첫 번째 골목 있지?
그 길로 쭉 가다 보면……."
엄마가 설명을 할수록 하늘이는 머릿속이 복잡해졌어요.

"말로 설명하니까 잘 모르겠지? 쉽게 지도를 그려 줄게."
"지도가 뭐예요?"
"넓은 지역을 그림으로 간단히 나타낸 거야. 길을 찾을 때 도움이 돼."
엄마가 종이에 지도를 그리며 말했어요.
하늘이네 빨간 지붕 집과 하늘이가 뛰어다니는 집 앞 골목길도 그렸어요.
동서남북, 네 방향도 표시했어요.
"다 됐다. 이 지도랑 나침반도 가져가. 나침반 사용법은 알지?"
"응, 엄마! 자신 있어요!"
하늘이가 힘차게 대답했어요.
나침반은 가족들과 캠핑 갔을 때 사용해 봤거든요.

지도에는 어떤 것이 있을까요?

지도는 넓은 지역을 작게 줄여 간단하게 나타낸 거예요. 대표적으로 지형도, 관광 지도, 인구분포도, 일기도가 있어요. 이밖에도 환경 지도, 항공도, 교통지도 등 다양한 지도가 있지요.

1-2 우리나라1	우리나라의 상징
2-2 이웃2	마을과 사람들
3-1 사회	1. 우리가 살아가는 곳

지형도

가장 많이 사용하는 지도로 땅과 바다의 모습을 나타낸 지도예요.

관광 지도

관광지와 교통편을 나타낸 지도예요.

인구분포도

사람들이 어디에 얼마나 살고 있는지 알려 주는 지도예요.

일기도

온도, 바람의 방향 등 날씨를 알기 쉽게 보여 주는 지도예요.

계절마다 어떤 꽃이 필까요?

우리나라는 사계절이 뚜렷해서 계절마다 여러 가지 꽃이 피어요.

1-1 봄1 1. 봄맞이
2-1 봄2 2. 봄나들이

봄

개나리, **진달래**, 철쭉, 벚꽃, 민들레, 목련, 봄맞이꽃 등이 피어요.

여름

나팔꽃, **해바라기**, 장미, 무궁화, 노루발 등이 피어요.

가을

국화, **코스모스**, 구절초, 분꽃 같은 꽃이 피어요.

겨울

동백꽃, **수선화**, 군자란 같은 꽃이 피어요.

집을 나선 하늘이는 깡충깡충 토끼처럼 뛰어갔어요.
룰루랄라 노래를 부르며 골목골목의 예쁜 꽃도 구경했지요.
개나리와 진달래로 가득한 골목을 지나자
목련이 활짝 핀 커다란 나무가 보였어요.
커다랗고 하얀 목련이 하늘이에게 인사하는 것 같았어요.
담벼락 아래에서는 봄맞이꽃이 하늘이를 반겼어요.
손톱보다 작은 꽃들이 귀여워요.
하늘이는 정신없이 봄꽃을 구경했어요.

"야아옹!"
고양이 울음소리예요. 담벼락을 올려다보니
털이 새하얀 예쁜 고양이가 하늘이를 쳐다보고 있었어요.
"안녕!"
하늘이가 인사했지만 아기 고양이는 폴짝폴짝 담 위를 뛰어갔어요.
하늘이도 아기 고양이를 따라갔어요.
"야옹! 야옹!"
아기 고양이는 금세 엄마 고양이 쪽으로 사라졌어요.
"안녕, 다음에 또 놀자!"
인사를 하고 주위를 둘러본 하늘이는 깜짝 놀랐어요.
아기 고양이를 따라가다 그만 길을 잃고 말았어요.

"괜찮아! 엄마가 준 지도가 있잖아."
하늘이가 지도를 활짝 폈어요.
지금 있는 곳은 파란 지붕 집 앞이에요.
조금만 가면 햇살 마트가 있어요.
하늘이는 햇살 마트까지 달려갔어요.
"이제 여기서 삼촌네 집까지 어떻게 가지?"
지도를 보니 햇살 마트 앞에는 길이 네 군데나 있었어요.
"아까 엄마가 삼촌네 집은 햇살 마트에서 북쪽이라고 했는데.
그런데 북쪽이 어디지?"

| | 2-2 이웃2 | 마을과 사람들 |
| | 3-1 사회 | 1. 우리가 살아가는 곳 |

지도의 기호는 무슨 뜻일까요?

지도에서는 건물이나 논, 밭, 산 등을 간단한 기호로 나타내요. 지도 기호를 알아 두면 지도를 보는 데 편리해요.

  학교    경찰서

 소방서    우체국

 병원    공장

 절    논

 밭    과수원

  등대    산

| 2-2 이웃2 | 마을과 사람들 |
| 3-1 사회 | 1. 우리가 살아가는 곳 |

나침반은 항상 북쪽을 가리켜요

나침반을 평평한 곳에 두고 바늘이 움직이는 것을 잘 살펴보세요. 빨간색 바늘이 가리키는 곳이 바로 북쪽이랍니다. 나침반의 빨간색 바늘은 항상 북쪽을 가리키는데, 이것은 지구에 자석과 같은 성질이 있기 때문이에요. 나침반도 작은 자석과 같아서 빨간색 바늘이 항상 북쪽을 향하는 거예요.

하늘이는 주머니에서 나침반을 꺼냈어요.
손바닥을 평평하게 하고 나침반을 가만히 올려놓았어요.
"우아, 돌아간다!"
핑그르르 나침반 바늘이 움직였어요.
"빨간색 바늘이 가리키는 곳이 북쪽이랬지?
그럼 삼촌 집은 저쪽이다!"
하늘이는 나침반을 꼭 쥐고 북쪽을 향해 갔어요.
나침반과 지도만 있으면 어디든 찾아갈 수 있을 것 같았어요.

교통수단에는 어떤 것이 있을까요?

도보
걸어가는 것을 말해요. 옛날 사람들은 서울에서 부산까지의 먼 거리도 걸어 다녔어요.

자전거
사람이 직접 발로 페달을 밟아 바퀴를 돌려서 움직이는 교통수단이에요.

자동차
네 개의 바퀴로 땅 위를 달려요. 걷거나 자전거를 타는 것보다 빠르고 편하게 갈 수 있어요.

버스
한꺼번에 많은 사람을 실어 나를 수 있어요. 정해진 정류장에서 타고 내려요.

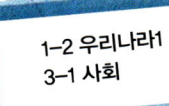

"하늘아, 혼자서도 잘 찾아왔네."
집 앞에 나와 있던 삼촌이 하늘이를 보고 웃었어요.
"당연하죠. 저도 이제 다 컸어요!"
하늘이가 배를 쑤욱 내밀고 으스댔어요.
"정말? 대단한데. 그럼 이제 전주 할아버지 댁으로 가 볼까?"
"네, 삼촌. 그런데 할아버지 댁에는 어떻게 가요?"
"할아버지 댁에 가려면 기차를 타야 해. 기차역까지는 버스를 타고 갈 거야."
"버스도 타고 기차도 탄다고요? 우아, 신 난다! 빨리 가요, 삼촌!"
하늘이가 삼촌의 소매를 잡아끌었어요.
삼촌도 웃으며 하늘이 손을 꼭 잡았어요.

| 1-2 우리나라 | 1. 우리나라의 상징 |
| 3-1 사회 | 2. 이동과 의사소통 |

 지하철

땅 밑을 오가며 전기로 달려요. 다니는 시간이 정확해서 도시의 편리한 교통수단으로 쓰여요.

기차

여러 개의 객차를 연결하여 철로 위를 달려요. 멀리 있는 도시까지 빠르게 갈 수 있어요.

배

사람이나 짐을 싣고 물 위로 떠다녀요. 강이나 바다를 건널 때 이용해요.

비행기

하늘을 날아 이동하는 가장 빠른 교통수단이에요. 공항에서 타고 내려요.

부릉부릉 버스가 달리며 높은 건물들을 빠르게 지나가요.
하늘이는 창문에 얼굴을 대고 정신없이 밖을 구경했어요.
"우아, 한강이다!"
버스가 한강 다리를 건너가요. 다리 밑으로는 유람선이 지나갔어요.
"저기 보이는 산이 남산이야."
삼촌이 가리키는 곳을 보니 뾰족한 서울 타워가 보여요.
하늘이도 엄마 아빠와 케이블카를 타고 올라가 본 적이 있어요.
"와! 정말 멋지다!"
"우리나라에는 산도 많고 강도 많아."

1–2 우리나라1 1. 우리나라의 상징
3–1 사회 3. 우리가 살아가는 곳
4–2 사회 2. 여러 지역의 생활

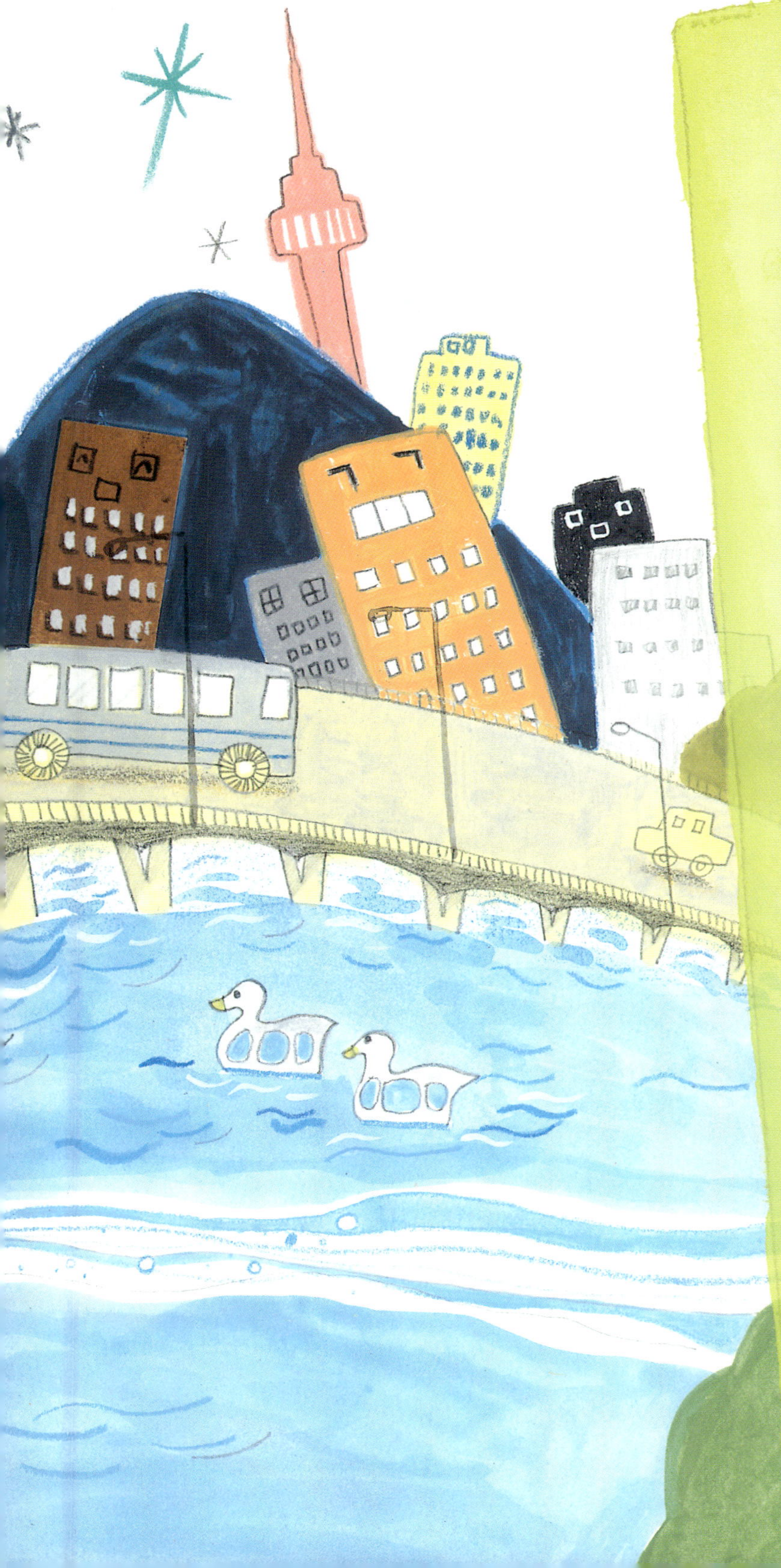

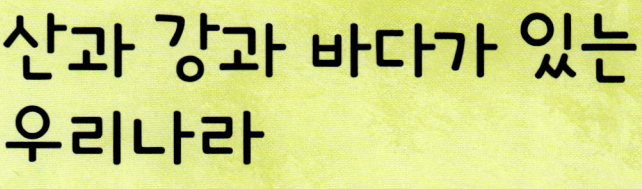

산과 강과 바다가 있는 우리나라

우리나라는 동쪽과 북쪽으로 갈수록 산이 많아요. 산은 우리나라 땅의 70퍼센트나 되지요. 산이 줄지어 솟아 있는 것은 산맥이라고 해요. 우리나라 강들은 동쪽에서 서쪽으로 흘러요. 동쪽에 높은 산이 많기 때문이에요.

또 우리나라는 남쪽, 동쪽, 서쪽이 바다로 둘러싸여 있고 북쪽만 육지로 이어져 있어요. 이렇게 삼면이 바다로 둘러싸인 땅을 반도라고 해요. 그래서 우리나라를 '한반도'라고 부르지요.

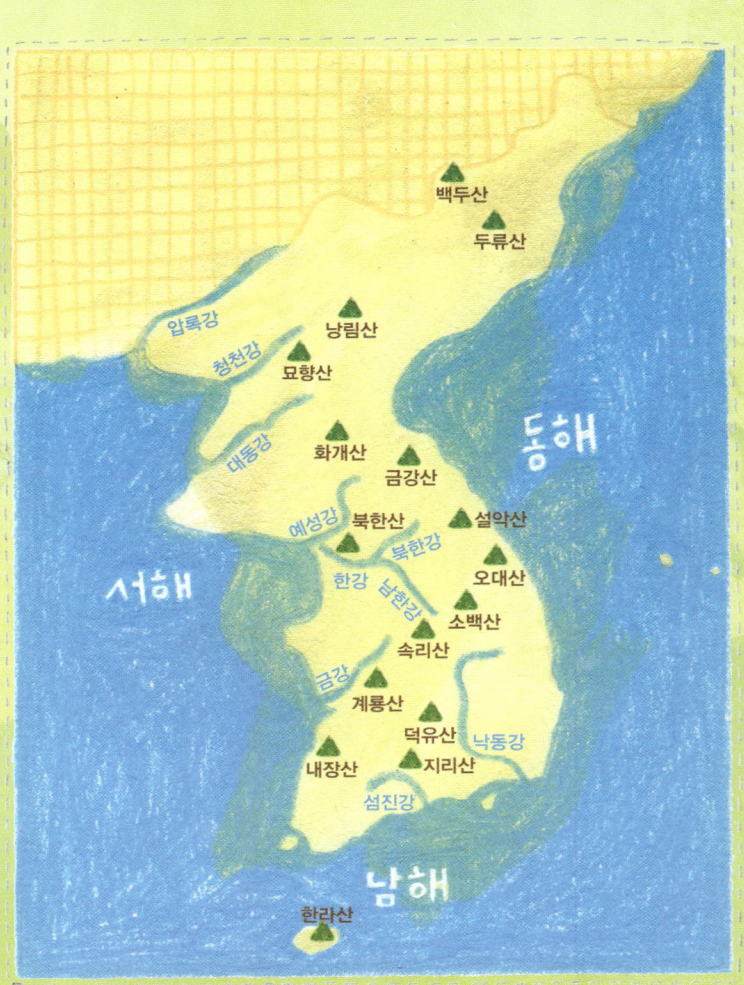

어느새 기차역에 도착했어요.
"KTX 출발합니다!"
하늘이와 삼촌은 안내 방송에 놀라 서둘러 기차를 탔어요.
기차가 점점 빨라지더니 나무와 집들이 휙휙 지나갔어요.
"와, 정말 빠르다!"
"그렇지? KTX를 타면 할아버지 댁까지 두 시간이면 갈 수 있어."
"그럼 두 시간만 지나면 할아버지를 볼 수 있는 거예요?"
하늘이의 얼굴에 꽃이 폈어요.
"예전에는 기차로 네 시간도 넘게 걸렸어.
그런데 교통이 발달해서 더 빨리 갈 수 있게 된 거야."
삼촌이 미소를 지었어요.

| 3-1 사회 | 2. 이동과 의사소통 |
| 4-2 사회 | 3. 사회 변화와 우리 생활 |

교통의 발달로 우리 생활도 변해요

옛날에는 먼 곳에 갈 때도 걷거나 마차를 타고 다녔지만 이제는 자동차나 고속 철도, 비행기를 이용해요. 1905년에는 서울에서 부산까지 가는 데 15시간이나 걸렸는데, 지금은 KTX를 타고 2시간 30분이면 갈 수 있어요. 비행기를 타면 55분이면 도착하지요.

마차

자동차

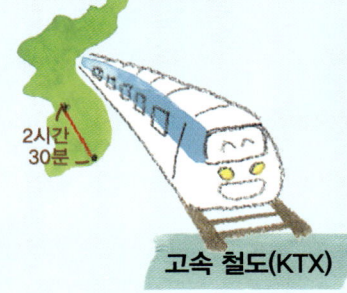
고속 철도(KTX)

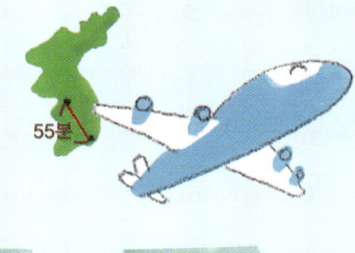
비행기

창문으로 시골 풍경이 보이기 시작했어요.
"와, 넓다, 넓어!"
"넓은 논이 보이지? 이곳이 바로 우리나라에서 가장 큰 호남평야야."
"평야? 그게 뭐예요, 삼촌?"
"평야는 넓고 평평한 땅이야. 우리나라에서는 벼농사를 많이 짓거든.
가을이 되면 벼가 자라서 황금벌판이 돼. 그때 보면 정말 멋지겠지?"
하늘이는 황금빛으로 빛나는 넓은 들판을 상상해 보았어요.
"삼촌, 가을 되면 같이 또 여행가요. 네?"
"그래, 그래!"
삼촌이 새끼손가락을 걸고 약속했어요.

우리나라의 평야

넓고 평평한 땅인 평야는 우리나라 서쪽에 발달해 있어요. 큰 강과 함께 발달한 평야는 벼농사를 짓기에 좋은 곳이에요. 우리나라의 대표적인 평야는 호남평야로, 이곳은 우리나라에서 벼가 가장 많이 나는 곳이에요. 이밖에도 김포평야, 평택평야, 예당평야, 논산평야, 나주평야, 김해평야 등이 있어요.

2-2 가을2   1. 가을 체험
4-1 사회   1. 촌락의 형성과 주민 생활

"우리나라는 계절마다 여행갈 데가 많아."
"삼촌, 나는 모래밭에서 놀 때가 가장 재미있었어요."
하늘이는 작년 여름에 갔던 동해 해수욕장이 떠올랐어요.
"우리나라는 삼면이 바다로 되어 있어서 해수욕장이 많아.
또 제주도, 울릉도, 독도 같은 섬도 많지."
"겨울에는 눈썰매가 최고예요!"
"맞아, 우리나라 동쪽에는 산이 많아서 겨울에는 썰매나 스키를 타는 사람이 많아.
봄과 가을에는 산과 강을 찾아다니며 꽃구경, 단풍 구경을 하고.
어때, 계절마다 여행갈 데가 정말 많지?"
"좋아, 결정했어요. 계절마다 삼촌하고 여행 갈래요!"
"뭐야?"
삼촌과 하늘이가 큰 소리로 웃었어요.

기차가 전주역에 도착했어요.
하늘이와 삼촌은 버스를 한 번 더 갈아탄 뒤 한옥 마을에 도착했어요.
이곳이 바로 할아버지가 사는 곳이거든요.
할아버지 집은 하늘이네 집과 정말 달라요.
하늘이네는 아파트 7층에 살아요.
아파트에는 엘리베이터와 계단이 있어요.
할아버지 댁은 1층이지만 굉장히 넓어요.
돌과 진흙으로 만든 담이 있고,
새의 날개처럼 생긴 기와를 얹은 지붕도 있어요.
집안에는 'ㄷ'자로 방이 둘러져 있고,
그 가운데는 작은 연못이 있는 정원이에요.
하늘이는 할아버지 댁이 정말 좋아요.

1-1 가족1	2. 우리 집
1-2 우리나라1	2. 우리의 전통문화
2-2 이웃2	마을과 사람들

우리 동네에는 어떤 집들이 있나요?

한옥

옛날부터 우리나라 사람들이 살아온 집이에요. 지붕에 기와를 얹어 만들어 기와집이라고도 불러요.

양옥

서양에서 들여온 방법으로 지은 집이에요. 양옥의 '양'은 서양, '옥'은 집이라는 뜻이에요.

아파트

한 건물에 여러 가족이 사는 집으로, 5층 이상의 건물이에요.

단독 주택

한 건물에 한 가족만 사는 집을 말해요. 한옥과 양옥은 단독 주택이지요.

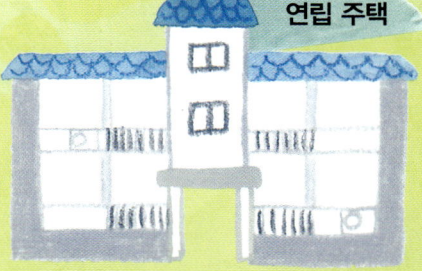
연립 주택

한 건물에 여러 가족이 사는 집으로, 4층 이하의 건물이에요.

"허허, 우리 귀여운 강아지 왔구먼."
할아버지가 대청마루에 나오셨어요.
한복을 입은 할아버지가 하얀 수염을 쓰다듬으며 웃으셨어요.
"할아버지, 절 받으세요."
하늘이가 냉큼 대청마루로 올라가 할아버지께 절을 했어요.
엄마 아빠에게 배운 대로 두 손을 모으고
무릎을 굽히고 고개를 숙였어요.
"허허허, 우리 손자 이제 다 컸구나!"
할아버지는 기분이 좋아 껄껄 웃으셨어요.

한복을 입고 큰절을 해요

옛날에는 어른을 만나면 큰절을 했어요. 요즘에는 선 채로 허리를 굽히고 공손히 고개를 숙여 인사하지만, 설날 같은 명절에는 한복을 차려입고 옛날처럼 어른들께 큰절을 하지요. 이것을 '세배'라고 해요.

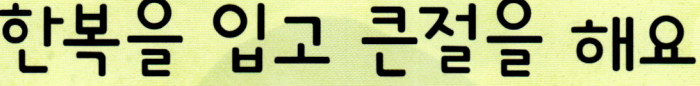

1-2 우리나라1   2. 우리의 전통문화
2-1 가족2   1. 친척

남자

왼손을 오른손 위로 포개어 먼저 무릎을 굽히고 허리를 굽힌 뒤 고개를 숙여 인사해요.

여자

오른손을 왼손 위로 포개어 어깨 높이로 올리고 이마에 대요. 무릎을 굽히고 허리를 굽힌 뒤 고개를 숙여 인사해요.

"하늘이 왔구나!"
친척들이 얼굴을 내밀며 하늘이에게 인사했어요.
하나, 둘, 셋, 넷, 모두 다섯 명이나 돼요.
하늘이보다 어린 아이도 있고, 키 큰 형도 있고,
엄마보다 나이가 많아 보이는 어른도 있어요.
모두 반갑게 인사하는데 하늘이는 어리둥절했어요.
"삼촌, 누가 누군지 모르겠어요."
하늘이는 얼굴이 빨개져서 삼촌 뒤로 숨었어요.

"이쪽은 큰고모와 고모부 그리고 고종사촌 동생 나리."
"이쪽은 지금 몽골에 살고 있는 둘째 고모."
"마지막으로 할아버지랑 함께 사는 사촌 형 준혁이."
삼촌이 친척들을 한 명, 한 명 소개해 주었어요.
그제야 하늘이는 친척들과 수줍게 인사했어요.
처음 보는 얼굴이라 낯설기도 했지만
하늘이를 반겨 주는 얼굴에 저절로 미소가 지어졌어요.

1-1 가족1   1. 우리 가족
2-1 가족2   1. 친척

친척은 어떻게 부를까요?

친척은 엄마, 아빠, 할아버지, 할머니 그리고 형제자매처럼 나와 가까운 관계에 있는 사람들을 말해요.
친척을 부르는 말은 다음과 같아요.

할아버지   할머니   외할아버지   외할머니

고모부   고모   큰아버지   큰어머니   아버지   어머니   외삼촌   외숙모   이모부   이모

고종사촌   사촌   나   동생   외사촌   이종사촌

하늘이네 가족과 큰고모네 가족은 아빠, 엄마, 아이,
이렇게 세 명이 한 가족이에요.
이곳에 사는 준혁이 형과 할아버지는 손자와 할아버지
두 명으로 이루어진 가족이고요.
삼촌과 몽골에서 혼자 살고 있는 둘째 고모는
한 명으로 이루어진 가족이지요.
하지만 이렇게 한곳에 모이니, 오늘만큼은
여덟 명이나 되는 대가족이 되었어요.

| 1-1 가족1 | 1. 우리 가족 |
| 2-1 가족2 | 2. 다양한 가족 |

가족의 형태는 다양해요

가족의 형태는 크게 3대가 함께 사는 대가족, 결혼하지 않은 자녀와 부모가 함께 사는 핵가족으로 나뉘어요.
그러나 사람들의 모습이 서로 다르듯 가족의 모습도 점점 다양해지고 있어요.

 할아버지, 할머니, 엄마, 아빠, 아이가 함께 사는 가족이에요. **대가족**이라고 해요.

 **할아버지, 할머니, 손자**가 함께 사는 가족도 있어요.

 **아빠, 엄마, 아이**가 함께 사는 가족도 있어요.

  **아빠와 아이, 엄마와 아이**만 사는 가족도 있지요.

 **할아버지, 할머니**만 사는 가족도 있어요.

 **혼자**서 가족을 이루고 사는 사람들도 있어요.

"하늘아, 놀자!"
"하늘이 오빠, 뭐 하고 놀까?"
하늘이는 준혁이 형과 나리와 금세 친해졌어요.
"애들아, 할아비가 재밌는 놀이 알려 줄까?"
"예, 좋아요!"
아이들이 동시에 대답했어요.
할아버지가 연날리기, 제기차기, 투호를 알려 줬어요.
하늘이는 처음 하는 놀이였지만 정말 재미있었어요.
"내가 어렸을 땐 하루 종일 밖에서 신 나게 놀았단다."
할아버지가 미소를 지으며 말씀하셨어요.
할아버지도 어렸을 땐 하늘이처럼
노는 게 가장 좋았나 봐요.

| 1-2 우리나라1 | 2. 우리의 전통문화 |
| 1-2 가을1 | 2. 추석 |

우리나라에는 어떤 전통 놀이가 있을까요?

우리나라의 전통 놀이에는 제기차기, 투호, 자치기, 비석 치기처럼 계절과 상관없이 하는 놀이도 있고, 연날리기, 썰매 타기 같이 겨울에 주로 하는 놀이도 있어요. 널뛰기, 그네뛰기, 씨름처럼 명절에 많이 하는 놀이도 있답니다.

자치기

긴 막대기로 짧은 나무토막을 쳐서 멀리 날리는 놀이예요.

비석 치기

납작한 돌을 바닥에 세우고 다른 돌을 던져 쓰러뜨리는 놀이예요.

썰매타기

겨울철에 얼음판이나 눈 위에서 미끄럼을 타는 놀이예요.

널뛰기

두 사람이 긴 널빤지 양쪽에 올라서서 번갈아 뛰는 놀이예요.

그네뛰기

5월 단오에 많이 하던 놀이예요. 옛날에는 큰 나뭇가지에 그네를 묶고 탔어요.

씨름

두 사람이 마주 서서 서로 샅바를 잡고 힘을 겨루는 놀이예요.

"계쉽니까!"
낯선 목소리가 들리더니, 키 큰 외국 사람이 들어왔어요.
"둘째 고모의 남자 친구 감바 씨야. 몽골 사람이야."
삼촌의 말에 하늘이는 눈이 동그래졌어요.
몽골에서 온 사람은 처음 보거든요.
"사인 바이노!"
감바 씨가 할아버지에게 뺨을 대며 정중하게 인사했어요.
할아버지가 허허허 웃으며 고개를 끄덕였어요.
하늘이도 감바 씨에게 인사를 하고 싶었어요.
하지만 어떻게 할지 몰라 고개를 갸웃거렸어요.
"고모, 어떻게 인사하면 돼요?"
하늘이가 고모에게 물었어요.

"몽골에서는 '안녕하세요'를 '사인 바이노'라고 해. 그냥 악수를 해도 돼."
고모의 말에 하늘이가 용기를 냈어요.
"사인 바이노!"
감바 씨가 웃으며 인사했어요.
"안녕!"
하늘이가 웃으며 다시 인사했어요.
"안녕, 감바 아저씨!"
하늘이와 감바 씨는 두 손을 꼭 쥐었어요.

2-1 가족2
2-2 우리나라2
2. 다양한 가족
우리나라와 이웃 나라

다른 나라의 인사법을 알아봐요.

일본, 중국처럼 우리나라와 비슷하게 인사하는 나라도 있지만 인사법이 다른 나라도 있어요. 다른 나라의 인사법을 잘 알고 있으면 세계 곳곳의 아이들과도 쉽게 친해질 수 있을 거예요.

일본, 중국
우리나라처럼 고개를 숙여 인사해요.

프랑스
서로 볼을 마주 대며 인사해요.

영국
악수를 하며 인사해요.

북극
코를 비비며 인사해요.

다른 나라에는 어떤 전통 의상이 있을까요?

우리나라의 전통 의상은 한복이에요.
여자는 치마와 저고리를 입고
남자는 바지와 저고리를 입어요.
다른 나라에는
어떤 전통 의상이 있을까요?

중국

치파오를 입어요. 주로 붉은색이에요.

일본

길이가 발목까지 오는 **기모노**를 입어요.

감바 씨가 몽골에서 선물을 가져왔어요.
하늘이는 몽골 전통 모자 '말가이'와 전통 옷 '델'을 선물로 받았어요.
준혁이 형은 장화처럼 긴 신발 '고탈'을 받았고요.
나리는 몽골 전통 집 '게르'를 작게 만든 장난감을 받았어요.
"몽골은 어떤 나라일까?"
몽골의 물건들을 보니 하늘이는 몽골이 더 궁금해졌어요.

2-1 가족2	2. 다양한 가족
2-2 우리나라2	우리나라와 이웃 나라
3-2 사회	3. 다양한 삶의 모습

인도
바느질하지 않은 긴 천을 몸에 두르는 **사리**(여자)와 **도티**(남자)를 입어요.

스코틀랜드
스코틀랜드의 전통 의상 **킬트**는 남자들이 입는 치마예요.

"고모, 몽골은 어디에 있는 나라예요?"
하늘이의 물음에 고모가 지구본을 가져왔어요.
"여기 우리나라가 있지? 주변에는 어떤 나라가 있을까?"
하늘이는 지구본에 그려진 우리나라 주변을 살펴보았어요.
섬나라 일본은 오른쪽에 있어요.
우리나라 위쪽에는 중국과 러시아가 보여요.
"중국 위에 있는 나라가 보이지? 거기가 바로 몽골이야."
"와, 우리나라와 가깝네요!"
하늘이는 지구본에서 몽골을 가리키며 웃었어요.
지구본으로 살펴보니 몽골이 더 가까워진 것 같았어요.

"감바 아저씨, 우리랑 놀아요!"
하늘이는 나리와 준혁이 형과 함께
감바 씨에게 우리나라 전통 놀이를 가르쳐 주었어요.
감바 씨도 아이들에게 몽골 전통 놀이를 알려 주었어요.
한국의 윷놀이 같은 '샤가이'도 재미있었어요.
'호로다흐'라는 몽골의 가위바위보는 손가락 다섯 개로 해요.
'거여거여'라는 몽골 어린이들의 노래도 신 나게 배웠어요.

2-2 우리나라2　우리나라와 이웃 나라
3-2 사회　　 3. 다양한 삶의 모습

다른 나라에는 어떤 전통 놀이가 있을까요?

우리나라에는 널뛰기, 재기 차기, 씨름 등의 전통 놀이가 있어요. 다른 나라 어린이들은 어떤 놀이를 할까요?

중국

중국의 전통 놀이 **공죽**이에요. 줄이 달린 막대기를 가지고 대나무로 만든 공을 돌리는 놀이예요.

일본

일본의 전통 놀이 **카루타**예요. 첫 글자가 같은 카드를 찾는 놀이예요.

러시아

러시아의 전통 놀이 **고로드키**예요. 우리나라 자치기와 비슷한 놀이예요.

필리핀

필리핀의 전통 놀이 **티니클링**이에요. 대나무를 이용한 놀이로 우리나라 고무줄 놀이와 비슷해요.

놀다 보니 저녁 시간이 다 되었어요.
고모는 된장찌개를 맛있게 끓였어요.
감바 씨는 몽골 전통 음식 '효소르'와 '보즈'를 만들었어요.
효소르와 보즈는 모두 만두와 비슷했어요.
하늘이는 효소르가 맛있어서 감바 씨에게 엄지손가락을 치켜들었어요.
한국 음식과 몽골 음식을 함께 먹으니 더 맛있었어요.

2-1 가족2
2-2 우리나라2
3-2 사회

2. 다양한 가족
우리나라와 이웃 나라
3. 다양한 삶의 모습

다른 나라에는 어떤 전통 음식이 있을까요?

우리나라는 벼농사를 많이 지어서 쌀밥과 국을 주로 먹어요. 설날에는 쌀로 만든 가래떡으로 떡국을, 추석에는 쌀가루로 빚어 만든 떡 송편을 먹어요. 다른 나라에서는 어떤 음식을 먹을까요?

중국
만두와 비슷한 **딤섬**을 즐겨 먹어요. 추석에는 밀가루 과자 **월병**을 먹어요.

일본
생선과 밥, 고추냉이로 만든 **초밥**, 콩을 발효시킨 **낫또**를 즐겨 먹어요.

베트남
벼농사를 많이 짓는 베트남에서는 **쌀국수**를 먹지요.

인도
밀가루 빵인 **란**을 커리에 찍어 먹어요.

터키
꼬치구이인 **케밥**을 즐겨 먹어요.

이탈리아
밀가루로 만든 국수인 **파스타**를 먹어요.

"윷이요!"
저녁을 먹고 대청마루에 모여 다 같이 윷놀이를 했어요.
고모와 준혁이 형이 한 팀, 삼촌과 나리가 한팀이에요.
하늘이는 감바 씨와 한 팀이 되었어요.
하늘이가 감바 씨와 윷을 힘차게 던졌어요.
"우아, 또 윷이다!"
하늘이 팀이 가장 먼저 달려가요.
바짝 따라오는 고모와 준혁이 형도, 역전을 노리는 삼촌 팀도 모두 즐거워요.
나이도 얼굴도 다 다르지만 우리 모두 행복한 가족이니까요.

하늘이네 동네 지도

하늘이네 동네가 한눈에 보이는 지도예요. 동네에는 사람들이 편안하게 살 수 있도록 돕는 공공 기관, 병원, 가게들이 많아요. 하늘이네 동네에는 어떤 건물들이 있고, 그 안에서는 누가, 무슨 일을 하는지 살펴봐요.

학교 어린이가 어른이 될 때까지 꼭 배워야 할 것들을 알려 주는 곳이에요. 선생님이 어린이의 몸과 마음이 골고루 자랄 수 있도록 도와줘요.

동물 병원 사람들과 함께 사는 동물의 병을 치료해 주고 보살펴 주는 곳이에요. 수의사가 병에 걸린 동물을 치료해 줘요.

우리집

우체국 편지나 소포를 전달해 주는 공공 기관이에요. 우편집배원이 편지와 소포를 주소에 따라 나누고 집집마다 전달해요.

은행 사람들이 저축한 돈을 안전하게 관리해 주는 곳이에요. 은행원이 통장을 만들고 우리가 저축한 돈을 관리해 줘요.

주민 센터 동네 사람들에게 필요한 정보와 도움을 주는 공공 기관이에요. 공무원이 동네 사람들에게 불편한 점은 없는지 잘 살피고 도와줘요.

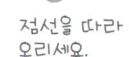
점선을 따라 오리세요.

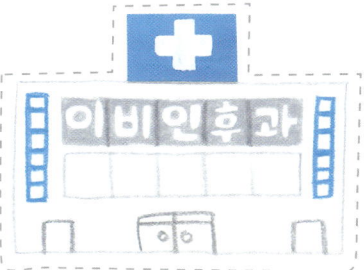

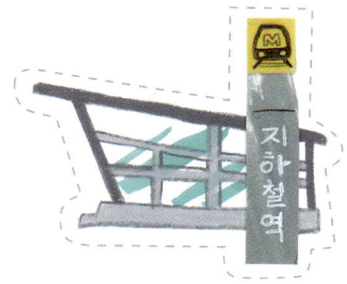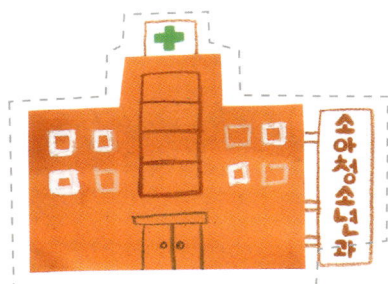

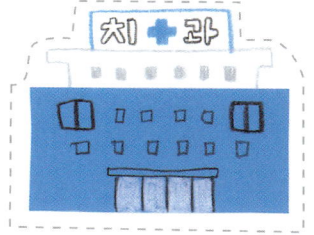

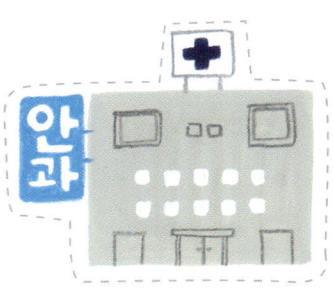

우리 동네 지도

우리 동네의 공공 기관, 병원, 가게들은 어디에 있나요?
내가 사는 동네의 모습을 잘 생각해 보고, 오른쪽에 있는 건물들을
점선을 따라 오려 지도 위에 배치해 보세요.
나만의 멋진 동네 지도가 완성될 거예요.